INTRODUCCIÓN

Supongo que compraste este libro por la misma razón que lo creé ... Echaba de menos el sabor y la textura del pan de estilo tradicional; extrañaba los sándwiches, el pan tostado, el sabor del pan dulce como postre.

El hecho de que sigas una alimentación cetogénica/paleolítica/sin gluten/sin trigo, no significa que tengas que prescindir de ellos. Dentro de este libro encontrarás veinte deliciosas recetas de pan sin gluten que harán que te olvides de los panes elaborados con granos refinados, con alto contenido de carbohidratos, en muy poco tiempo. Todas ellas son refinadas recetas sin azúcar, sin gluten y también se ajustan a una dieta de estilo Paleo.

La mayoría de las recetas están elaboradas con harinas sin gluten, como la harina de almendras y de coco. Aunque en estas recetas se utilizan sustitutos más saludables, ¡no carecen de sabor!

Hay una gran variedad de panes que satisfacerán tus antojos de pan. Encontrarás panes dulces que servirán como opciones perfectas de postres o como un dulce regalo para el desayuno, panes de sándwich para que aún puedas disfrutar de tu sándwich a la hora del almuerzo o pan tostado de la mañana, y panes para la cena, como los palitos de pan.

También hay una sección divertida donde encontrarás bagels sin gluten, masa de pizza, tortillas e incluso pan rallado sin gluten. Este libro es para todos los amantes del pan que buscan maneras deliciosas de disfrutar el pan sin consumir gluten ni azúcar en exceso.

Si disfrutaste este libro, te agradecería que me dejaras una reseña. Simplemente visita http://www.ketojane.com/opiniones

4 Cómo Hacer el Pan Perfecto Sin Usar Granos
6 Cómo Funciona este Libro
7 Hablemos de los Edulcorantes
8 También Te Podría Gustar

9 Pan y Mantequilla
10 Pan Tradicional Para Sándwich
11 Pan de Semillas de Almendras
12 Pan de Mantequilla de Almendras

13 Panes para la Cena y Rollos
14 Rollos Para La Cena
15 Panquecitos de Pan de Maíz
16 Palitos de Pan con Queso

17 Panes de Molde
18 Pan de Calabacita (Calabacin) Especiada
19 Pan de Camote (Batata, Boniato)
20 Espiral de Canela
21 Pan de Semillas de Calabaza y Almendras
22 Pan de Molde de Mora Azul
23 Pan de Molde Decadente de Chocolate
24 Pan de Limón

25 Clásicos Reelaborados
26 Bagel con Todo
27 Panecillos Ingleses de Canela Para Microondas
28 Pan Nube
29 Masa Para Pizza Con Sabor A Ajo
30 Tortillas Sin Harina
31 Panquecitos de Calabaza
32 Pan Molido Estilo Italiano
33 Boule Rústico
34 Pan de Maíz con Jalapeño

35 Tabla de Conversión de Horneado

Hacer pan sin granos ya no tiene que ser difícil, costoso o completamente seco. Creé este libro de recetas lleno de 20 deliciosos panes sin granos con la esperanza de mostrarte que hornear sin granos puede ser tan delicioso como hornear con productos de trigo.

Sé lo difícil que puede ser hornear sin granos. ¡Es difícil saber cuál harina debes usar, cuánta harina y cuánto líquido y la mayoría de las veces, el pan sale seco y duro como una roca! Bueno, cuando creé estas recetas, descubrí que los siguientes consejos son muy útiles para poder convertirte en un profesional en la cocción sin granos. Estos consejos para hornear han existido durante mucho tiempo, pero no se utilizan con tanta frecuencia. Mucha gente ha encontrado atajos para que hornear sea más rápido y fácil.

La cuestión es que para hacer un pan sin granos perfecto, debe tomarse un poco más de tiempo para agregar los ingredientes de la manera adecuada para terminar con un pan increíblemente delicioso. Si sigues estos pasos, ¡te preguntarás por qué no los habías usado antes!

1. **Horneado con harina de coco:** La harina de coco es excelente, pero hay un truco para hornear con esta harina sin granos. Para evitar que tus panes salgan demasiado secos, deberás aumentar la cantidad de huevos. No escatimes con los huevos de lo contrario te sentirás decepcionado con el resultado. La mayoría de las recetas de harina de coco que encontrarás en este libro requieren un promedio de 6 huevos. ¡Solo confía en mí cuando te digo que los 6 son necesarios para obtener un pan sin granos húmedo y delicioso!

    Cuando compres harina de coco, tienes que evitar las mezclas desecadas, ya que la harina de coco desecada todavía contiene grandes cantidades de aceite de coco. En cuanto a la harina de coco normal, la harina contiene mucho menos aceite, lo cual es ideal para hornear las recetas de este libro.

2. **Horneado con harina de almendras:** Si quieres obtener un pan "granulado" de sabor más tradicional, entonces la harina de almendras puede ser la mejor opción para ti. La harina de almendras también le da a cada receta un delicioso sabor a nuez que combina deliciosamente con sabores como la canela, la vainilla y la nuez moscada. Cuando cocines con harina de almendras, no necesitas tantos huevos como los que necesitarías cuando cocinas con harina de coco. La harina de almendras no es tan absorbente como la harina de coco, por lo que no necesitarás tantos huevos para hacer un pan húmedo. Si lo que quieres es tener un pan más abundante, te recomiendo que optes por la harina de almendras. La harina de almendras es una harina molida más gruesa que aún contiene la piel. La harina de almendras blanqueada proviene de almendras blanqueadas (sin piel), lo que da como resultado una harina mucho más fina.

3. **Siempre tamiza la harina de coco:** ¡No puedo dejar de hacer hincapié en esto! No tamizar la harina de coco dará como resultado un pan granulado lleno de grumos de harina de coco ... ¡qué desagradable! Para tamizar la harina de coco, simplemente usa un colador de malla y agrega la harina de coco. Haz tu tamizado sobre un tazón o tazón grande.

4. **Acrema el edulcorante y la grasa:** ¡Este es un viejo truco para hornear que muchos de nosotros hemos dejado de hacer! En lugar de tomar el atajo de primero fundir el aceite de coco o la mantequilla, bate la grasa que estés usando con el edulcorante. Cuando acremas la grasa con el edulcorante, agregarás aire a la receta, lo que dará como resultado un producto final más ligero. Esto es una necesidad cuando usamos harinas para hornear sin gluten.

5. **Usa los huevos a temperatura ambiente:** Dejar que los huevos alcancen la temperatura ambiente antes de hornear, permite que los huevos agreguen una textura más ligera al producto final.

6. **Agrega las yemas de huevo a la mantequilla acremada**: En lugar de batir los huevos por separado, agrega las yemas de huevo en la grasa ya acremada con el edulcorante, y pon las claras de huevo en un tazón para mezclar por separado. También puedes agregar los otros ingredientes después de las yemas de huevo, como especias, harina sin gluten, levadura, y mezclar.

7. **Bate las claras de huevo:** Es importante que separes las yemas de huevo de las claras para crear un pan más ligero. Tienes que batir las claras de huevo hasta que se formen picos rígidos, preferiblemente con una batidora con soporte. Si no tienes una batidora con soporte, puedes hacerlo con una batidora de mano, pero esto puede tardar un poco más.

8. **Agrega la mezcla de grasa acremada a las claras de huevo:** El último consejo es envolver lentamente la mezcla de grasa acremada en las claras de huevo y mezclar suavemente hasta que se integren. No mezcles demasiado durante este paso, recuerda que deseas obtener una consistencia esponjosa. ¡Agrégalo a un molde para hornear preparado y hornea!

Cuando horneas, y especialmente cuando horneas con harinas sin granos, hay un método sobre cómo debes mezclar los ingredientes. Si los mezclas de esta manera, y sigues los consejos de harina y horneado anteriores, obtendrás resultados mucho mejores y un pan menos granulado.

Consejos de Sustitución para Hornear:

1. Si una receta requiere harina de almendras, pero deseas utilizar harina de coco, puedes hacer el intercambio fácilmente. Una buena regla general es reemplazar 1 taza de harina de almendras con ¼ de taza de harina de coco. Luego, deberás ajustar el líquido para la receta, lo que se puede hacer agregando 1 huevo por cada ¼ de taza de harina de coco además de los huevos que pide originalmente la receta.

2. Si deseas agregar un sabor a nuez a una receta de pan específica, puedes cambiar el extracto de vainilla y utilizar el extracto de almendras en su lugar.

Cómo Funciona ESTE LIBRO

Este libro de cocina contiene consejos útiles de horneado para que puedas hacer el pan sin gluten más delicioso posible. También te ofrezco sugerencias para darte una idea sobre con qué combina bien cada uno de estos panes. También notarás que hay un nivel de dificultad y una escala de costos en cada receta. A continuación te muestro cómo leer ambas escalas para determinar la dificultad y la escala de precios para cada receta de pan.

Nivel de Dificultad:

1. Un pan fácil de preparar que se puede elaborar con tan solo un puñado de ingredientes y en poco tiempo.

2. Estos panes son un poco más difíciles y requieren mucho más tiempo, pero siguen siendo suficientemente fáciles, ¡incluso para los panaderos principiantes!

3. ¡Un pan más avanzado para el panadero aventurero! No verás demasiados panes de nivel 3 en este libro, pero hay un par. Estos panes son excelentes para las ocasiones en las que puedes pasar un poco más de tiempo en la cocina y cuando quieres hacer algo fuera de lo común.

Costo:

$: Un pan cotidiano de bajo presupuesto.

$$: Pan a mitad de camino, de precio moderado. La mayoría de los panes que encontrarás en este libro se consideran de nivel $$ en la escala de costo. Estos panes no son tan baratos como los de nivel $, pero aún tienen un precio moderado y no serán tan caros como los de nivel $$$.

$$$: Un pan más caro que es ideal para servirlo en una reunión familiar o fiesta. Estos panes tienden a contener ingredientes caros, tales como muchos frutos secos y semillas, pero agregan un sabor fabuloso a cada receta. No verás demasiados panes de nivel $$$ en este libro, ¡pero hay algunos que puedes hacer para impresionar a tus invitados!

Hablemos de los EDULCORANTES

Antes de comenzar, entremos en materia y hablemos de edulcorantes. Cuando se elaboran panes sin granos y bajos en carbohidratos, notarás que hay un par de opciones diferentes de edulcorantes naturales. Estos edulcorantes toman el lugar del azúcar y sirven para agregar un toque de dulzura al pan sin un exceso de carbohidratos. En este libro observarás que se usan dos edulcorantes diferentes, a continuación discutiré brevemente la diferencia entre los dos.

1. **Eritritol:** El eritritol es excelente, ya que puede usarse como una sustitución 1:1, es decir, puedes usar exactamente la misma cantidad de eritritol que de azúcar. El eritritol te proporcionará casi la misma cantidad de dulzura que el azúcar normal, lo que lo convierte en el edulcorante natural preferido entre muchos panaderos bajos en carbohidratos. Para empezar, este es un gran edulcorante natural en caso de que no estés habituado a su uso, ya que este edulcorante se parece mucho al azúcar.

2. **Estevia:** La estevia es otro edulcorante natural que se encuentra en el libro de cocina, y es otra gran opción para hornear bajo en carbohidratos. El extracto de estevia es el extracto de la planta de estevia, que se produce naturalmente. Este es un edulcorante sin calorías, lo que lo vuelve ideal para este tipo de horneado. La estevia la podemos encontrar en forma de polvo y líquida. La forma líquida es muy fácil de usar, ya que solo necesitarás usar una pequeña cantidad, ya que la estevia es mucho más edulcorante que el azúcar blanco normal. También hay diferentes sabores de estevia líquida, lo que la convierte en una excelente opción para resaltar diferentes sabores al hornear. En este libro a menudo verás que se utiliza extracto de crema de vainilla y estevia. Si no puedes encontrar este extracto de estevia en particular, puedes usar estevia regular y agregar una gota de extracto de vainilla puro adicional.

TAMBIÉN TE PODRÍA GUSTAR

Ver los demás deliciosos libros de la autora, visita el siguiente enlace.

http://ketojane.com/bocadillos

Quema grasa, siéntete increíble, aumenta tu energía y satisface tu gusto por algo dulce. Los deliciosos y sencillos postres cetogénicos y los refrigerios dulces te llenarán entre comidas y te mantendrán en cetosis. Casi te sentirás culpable.

Pan y Mantequilla

Pan Tradicional Para Sándwich

Pan de Semillas de Almendras

Pan de Mantequilla de Almendras

PAN TRADICIONAL PARA Sándwich

NIVEL DE DIFICULTAD : 2   COSTO : $$ TIEMPO DE PREPARACIÓN : 15 MIN   TIEMPO DE COCCIÓN : 45 MIN   PORCIONES: 8

INGREDIENTES:

- ½ taza de harina de coco tamizada
- ¼ taza de harina sin gluten tamizada
- 6 huevos a temperatura ambiente, separados
- ½ taza de aceite de coco
- 1 ½ cucharaditas de polvo para hornear
- ¼ cucharadita de sal
- 3 cucharadas de agua
- 1 cucharada de vinagre de sidra de manzana

INSTRUCCIONES:

1. Precalienta tu horno a 350°F, engrasa un molde para pan de 8 ½ por 4 ½ con aceite, y coloca un pedazo de papel de pergamino en el fondo del molde.

2. Comienza acremando el aceite de coco en un procesador de alimentos. Agrega las yemas de huevo una a la vez, colocando las claras en un tazón para mezclar aparte. Pulsa para integrar el aceite de coco y las yemas de huevo.

3. Agrega la harina de coco tamizada y la harina sin gluten, el polvo para hornear, el vinagre de manzana, el agua y la sal, y pulsa una vez más hasta que se integren bien.

4. Bate las claras de huevo en el tazón para mezclar con una batidora de mano hasta que se formen picos rígidos.

5. Agrega la mezcla de harina de coco en forma envolvente en las claras de huevo y mezcla hasta que se integren bien.

6. Vierte la mezcla en el molde para pan preparado y hornea durante 40-45 minutos, cubriendo con papel de aluminio cuando pase la mitad del tiempo para evitar que la parte superior del pan se queme.

7. Deja enfriar el pan en el molde durante 15 minutos antes de rebanarlo.

8. Cubre y guarda en el refrigerador por 3 a 4 días.

Sugerencia para servir: Usa este pan de la misma manera que usas el pan tradicional para sándwich. ¡Este pan está aprobado por los niños y combina muy bien con la mantequilla de maní y jalea!

Consejos para hornear: Si deseas convertirlo en un pan de canela con pasas, agrega 1 cucharadita de canela y 2 cucharadas de pasas a la mezcla.

INFORMACIÓN NUTRICIONAL (POR PORCIÓN)

Carbohidratos Totales: 8 g   Fibra: 4 g   Proteína: 6 g
Grasa: 18 g
Calorías: 209   Carbohidratos Netos: 4 g
% DE CALORÍAS DE: Proteína: 12%   Grasa: 80%
Carbohidratos: 8%

PAN DE
Semillas de Almendras

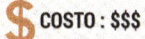 NIVEL DE DIFICULTAD : 3   COSTO : $$$ 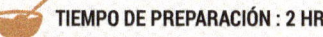 TIEMPO DE PREPARACIÓN : 2 HRS   TIEMPO DE COCCIÓN : 50-75 MIN   PORCIONES: 8

INGREDIENTES:

- 1 taza de semillas de girasol sin cáscara
- 1 taza de almendras fileteadas
- ½ taza de semillas de chia
- ½ taza de cáscara de psyllium (cáscara entera con semillas)
- 1 taza de semillas de calabaza, divididas en dos tazones de ½ taza
- 1 cucharadita de sal
- ¼ taza de aceite de coco
- 1 ¼ tazas de agua

INFORMACIÓN NUTRICIONAL (POR PORCIÓN)

Carbohidratos Totales: 17 g
Fibra: 12 g
Proteína: 14 g
Grasa: 35 g
Calorías: 406
Carbohidratos Netos: 3 g

% DE CALORÍAS DE:

Proteína: 14%
Grasa: 81%
Carbohidratos: 5%

INSTRUCCIONES:

1. Comienza tostando la ½ taza de semillas de calabaza, almendras y semillas de girasol en en un horno a 325°F durante 5 minutos.
2. Mientras las semillas se están tostando, combina las semillas de chia, la cáscara de psyllium y la sal en un tazón grande para mezclar.
3. En un tazón aparte, acrema el aceite de coco con una batidora de mano y agrégala a la mezcla de semillas de chia.
4. Cuando las semillas estén tostadas, apaga el horno, agrega las semillas a la mezcla y revuelve. Agrega el agua y continúa revolviendo. Si el pan parece seco, agrega 1 cucharada de agua a la vez, lo que se desea es que el pan esté pegajoso pero sin que sea demasiado aguado.
5. Forra un molde para pan de 9 por 5 con aceite de coco y papel pergamino, y vierte la masa en el molde para pan. Cubre con semillas de calabaza extras y aplana. Cubre la masa con un paño de cocina húmedo y déjala reposar durante 2-3 horas antes de hornear.
6. Después de 2 a 3 horas, precalienta el horno a 190°C y hornea sin cubrir durante 50 minutos a 1 hora y 15 minutos, dependiendo de tu horno. Revisa el pan después de 50 minutos. El pan estará listo cuando esté dorado.
7. Deja que el pan se enfríe por completo antes de sacarlo del molde. Esto puede tomar un par de horas.
8. Rebana y sirve de la misma manera que lo harías con el pan multigrano tradicional.

   Sugerencia para servir: Este pan combina bien con rebanadas de aguacate o de queso.

   Consejos para hornear: Sabrás que el pan ya está cocido cuando esté dorado. Asegúrate de revisar cada 5 minutos cuando llegues a la marca de 50 minutos para evitar que el pan se cocine en exceso.

PAN DE Mantequilla de Almendras

NIVEL DE DIFICULTAD : 2 **COSTO : $$** **TIEMPO DE PREPARACIÓN : 25 MIN** **TIEMPO DE COCCIÓN : 40 MIN** **PORCIONES: 10**

INGREDIENTES:

- 3 tazas de harina de almendras
- 3 huevos a temperatura ambiente, separados
- 2 cucharaditas de levadura de crecimiento rápido
- 1 cucharadita de polvo para hornear
- 1 cucharadita de sal
- 2 cucharaditas de vinagre de sidra de manzana
- 2 cucharadas de mantequilla
- 2 cucharadas de eritritol
- 1 taza de yogur natural sin descremar

INSTRUCCIONES:

1. Precalienta tu horno a 350°F, engrasa un molde para pan de 10 ½ por 4 con aceite, y coloca un pedazo de papel de pergamino en el fondo del molde.
2. Comienza acremando la mantequilla en un procesador de alimentos. Agrega las yemas de huevo una a la vez, colocando las claras en un tazón para mezclar aparte. Pulsa para combinar la mantequilla y las yemas de huevo.
3. Agrega la harina de almendras, el yogur natural, la levadura instantánea, el polvo para hornear, vinagre de sidra de manzana, eritritol y la sal, y pulsa una vez más hasta que se integren.
4. Bate las claras de huevo con una batidora de mano hasta que se formen picos rígidos.
5. Agrega la mezcla de harina de almendra en forma envolvente en las claras de huevo y mezcla hasta que se integren. Deja reposar la masa en un molde para pan durante 15 minutos para que leude.
6. Hornea por 40 minutos.
7. Deja enfriar el pan en el molde durante 15 minutos.
8. Voltea el pan en un plato y rebánalo.
9. Almacénalo cubierto en el refrigerador para preservar la frescura y disfrútalo dentro de los DOS días siguientes.

Sugerencia para servir: Usa este pan de la misma manera que el pan tradicional para sándwich, tostado con mantequilla de maní o mantequilla fresca.

Consejos para hornear: Si deseas hacer un pan de semillas, agrega semillas de calabaza a la mezcla antes de hornear. También puedes agregar nueces trituradas para obtener un pan con sabor a nuez. Agrega canela molida o nuez moscada para dar un sabor especiado al pan.

INFORMACIÓN NUTRICIONAL (POR PORCIÓN)
Carbohidratos Totales: 11 g   Fibra: 4 g   Proteína: 10 g
Grasa: 21 g
Calorías: 248   Carbohidratos Netos: 7 g
% DE CALORÍAS DE: Proteína: 16%   Grasa: 74%   Carbohidratos: 11%

Panes para la Cena y Rollos

Rollos Para La Cena

Panquecitos de Pan de Maíz

Palitos de Pan con Queso

Rollos para la Cena

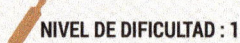 NIVEL DE DIFICULTAD : 1   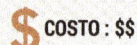 COSTO : $$  TIEMPO DE PREPARACIÓN : 10 MIN   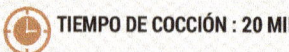 TIEMPO DE COCCIÓN : 20 MIN   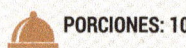 PORCIONES: 10

INGREDIENTES:

- 6 huevos, separados
- ½ taza de harina de coco
- ¼ taza de cáscara de psyllium (cáscara entera con semillas)
- 1 cucharada de ajo en polvo
- ½ cucharadita de sal
- 1 cucharadita de vinagre de sidra de manzana
- 6 cucharadas de mantequilla
- 1 ½ cucharaditas de polvo para hornear

INSTRUCCIONES:

1. Precalienta el horno a 350°F y forra una bandeja para hornear con papel pergamino.
2. Comienza acremando la mantequilla y ve agregando 1 yema de huevo a la vez, colocando las claras en un tazón aparte.
3. Agrega el resto de los ingredientes a la mezcla de mantequilla y huevo, y mezcla hasta que se integren. Reserva.
4. Bate las claras de huevo con una batidora con soporte o con una batidora de mano hasta que se formen picos rígidos. Agrega la mezcla de mantequilla en forma envolvente en las claras de huevo. Mezcla hasta que todo se integre bien.
5. Forma 10 rollos y hornea por 20 minutos.
6. ¡Disfrútalos mientras están calientes!

Sugerencia para servir: Sirve con una ensalada o como aperitivo con salsa marinara o aceite de oliva.

Consejos para hornear: Agrega el condimento de tu preferencia si lo deseas. El orégano, hojuelas de chile rojo o cebolla en polvo son excelentes opciones para esta receta.

INFORMACIÓN NUTRICIONAL (POR PORCIÓN)
Carbohidratos Totales: 6 g   Fibra: 3 g   Proteína: 4 g
Grasa: 10 g
Calorías: 130   Carbohidratos Netos: 3 g
% DE CALORÍAS DE: Proteína: 14%   Grasa: 76%   Carbohidratos: 10%

PANQUECITOS DE pan de MAÍZ

NIVEL DE DIFICULTAD : 1 **COSTO : $$** **TIEMPO DE PREPARACIÓN : 10 MIN** **TIEMPO DE COCCIÓN : 20 MIN** **PORCIONES: 6**

INGREDIENTES:

- ¾ taza de harina de almendras
- ¼ taza de harina de maíz sin gluten
- 1 cucharadita de polvo para hornear
- ½ cucharadita de sal
- 2 huevos
- 4 cucharadas de mantequilla
- ¼ de taza de yogur sin azúcar sin descremar

INSTRUCCIONES:

1. Precalienta tu horno a 350°F y engrasa un molde para panquecitos con aceite de coco.
2. Comienza acremando la mantequilla y ve agregando 1 yema de huevo a la vez, colocando las claras en un tazón aparte.
3. Agrega el resto de los ingredientes a la mezcla de mantequilla y huevo, y mezcla hasta que se integren. Reserva.
4. Bate las claras de huevo con una batidora con soporte o con una batidora de mano hasta que se formen picos rígidos. Agrega la mezcla de mantequilla en forma envolvente en las claras de huevo. Mezcla hasta que todo se integre bien.
5. Vierte la masa en los moldes para panquecitos y hornea por 20 minutos o hasta que la parte superior de los panquecitos esté dorada.
6. ¡Disfrútalos mientras están calientes!

Sugerencia para servir: Sirve con un trozo de mantequilla como aperitivo o para acompañar el plato principal.

Consejos para hornear: Omite la harina de maíz y agrega ¼ taza más de harina de almendras, si lo deseas.

INFORMACIÓN NUTRICIONAL (POR PORCIÓN)
Carbohidratos Totales: 8 g   Fibra: 2 g   Proteína: 6 g
Grasa: 17 g
Calorías: 194   Carbohidratos Netos: 6 g

% DE CALORÍAS DE: Proteína: 12% Grasa: 76% Carbohidratos: 12%

PALITOS DE PAN CON QUESO

NIVEL DE DIFICULTAD : 1 | COSTO : $$ | TIEMPO DE PREPARACIÓN : 10 MIN | TIEMPO DE COCCIÓN : 20 MIN | PORCIONES: 13 (1 PALITO DE PAN PARA CADA UNO)

INGREDIENTES:

- 2 tazas de queso mozzarella rallado
- 2 cucharadas de harina de coco
- 2 huevos
- 1 pizca de sal

Coberturas:

- ½ taza de queso parmesano rallado
- 1 cucharada de sazonador italiano
- ½ cucharadita de ajo en polvo

INSTRUCCIONES:

1. Comienza precalentando el horno a 350°F y forra una bandeja para hornear con papel pergamino.
2. Enseguida, agrega el queso mozzarella, la harina de coco, los huevos y la sal a un procesador de alimentos y procesa hasta obtener una textura suave.
3. Coloca la mezcla sobre la bandeja para hornear forrada y aplánala hasta que tenga aproximadamente 1 pulgada de grosor y forma un cuadrado.
4. Hornea por 15 minutos.
5. Retira del horno y espolvorea con el queso parmesano, el sazonador italiano y el ajo en polvo.
6. Hornea durante otros 5 minutos o hasta que el queso parmesano se derrita.
7. Retira del horno y deja enfriar los palitos de pan durante 10-15 minutos antes de cortarlos.

Sugerencias para Cocinar/Servir: Usa un cortador de pizza para cortar los palitos de pan. Almacénalos cubiertos en el refrigerador por un par de días y vuélvelos a calentar en el horno por 10 minutos antes de servir.

INFORMACIÓN NUTRICIONAL (POR PORCIÓN)
Carbohidratos Totales: 2 g   Fibra: 1 g   Proteína: 4 g
Grasa: 3 g
Calorías: 47   Carbohidratos Netos: 1 g

% DE CALORÍAS DE: Proteína: 34% Grasa: 57%
Carbohidratos: 9%

PANES DE MOLDE

Pan de Calabacita (Calabacin) Especiada

Pan de Camote (Batata, Boniato)

Espiral de Canela

Pan de Semillas de Calabaza y Almendras

Pan de Molde de Mora Azul

Pan de Molde Decadente de Chocolate

Pan de Limón

PAN DE CALABACITA (CALABACÍN) ESPECIADA

NIVEL DE DIFICULTAD : 2   COSTO : $$ TIEMPO DE PREPARACIÓN : 15 MIN   TIEMPO DE COCCIÓN : 40 MIN   PORCIONES: 6

INGREDIENTES:
- ⅔ taza de harina de coco
- 2 cucharadas de harina sin gluten
- 3 huevos, separados
- ¼ taza de mantequilla fundida
- ⅔ taza de calabacita (calabacín) rallada
- ⅔ taza de leche de coco
- 1 cucharadita de pimienta de Jamaica
- 1 cucharadita de canela
- ¼ cucharadita de sal
- ½ cucharadita de extracto puro de vainilla
- 1 cucharadita de polvo para hornear
- ¼ taza de eritritol

INSTRUCCIONES:
1. Precalienta tu horno a 400°F, engrasa un molde para pan con aceite, y coloca un pedazo de papel de pergamino en el fondo del molde.
2. Bate la harina de coco con las especias y el polvo para hornear. En un tazón aparte, bate los huevos con la mantequilla hasta que se vuelva más clara. Vierte la crema de coco y bate hasta que se integre. Agrega los ingredientes húmedos a la mezcla seca y revuelve con una cuchara de madera hasta que no queden grumos.
3. Exprime el exceso de humedad de la calabacita rallada y agrégala a la masa. Mezcla hasta que todo se integre bien. Vierte en el molde para hornear.
4. Hornea durante 40 minutos o hasta que cuando insertes un palillo en el centro del pan salga limpio.

INFORMACIÓN NUTRICIONAL (POR PORCIÓN)
Carbohidratos Totales: 13 g   Fibra: 7 g   Proteína: 6 g
Grasa: 17 g
Calorías: 228   Carbohidratos Netos: 5 g
% DE CALORÍAS DE: Proteína: 12% Grasa: 78% Carbohidratos: 10%

PAN DE CAMOTE (BATATA, BONIATO)

NIVEL DE DIFICULTAD : 2 **COSTO : $$** **TIEMPO DE PREPARACIÓN : 15 MIN** **TIEMPO DE COCCIÓN : 20 MIN** **PORCIONES: 6**

INGREDIENTES:

- ¼ taza de harina de coco
- 3 huevos, separados
- 2 cucharadas de mantequilla suavizada
- 2 cucharadas de leche de coco (enlatada)
- ¼ cucharadita de sal
- ½ cucharadita de extracto puro de vainilla
- ¼ cucharadita de polvo para hornear
- ½ taza de puré de camote (batata, boniato) (fresco o comprado en la tienda)
- ¼ taza de nueces
- 1 cucharadita de extracto de crema de vainilla y estevia

INSTRUCCIONES:

1. Precalienta tu horno a 400°F, engrasa un molde para pan con aceite, y coloca un pedazo de papel de pergamino en el fondo del molde.

2. Acrema la mantequilla junto con la estevia. Agrega las yemas de huevo y mezcla, colocando las claras en un tazón aparte. Agrega el resto de los ingredientes menos las nueces y vuelve a mezclar. Agrega de forma envolvente las nueces.

3. Bate las claras de huevo con una batidora de mano o con soporte hasta que se formen picos rígidos, y agrega la mezcla de mantequilla de forma envolvente en los huevos. Mezcla hasta que todo se integre bien. Vierte en el molde para hornear.

4. Hornea durante 20 minutos o hasta que cuando insertes un palillo en el centro del pan salga limpio.

INFORMACIÓN NUTRICIONAL (POR PORCIÓN)
Carbohidratos Totales: 7 g   Fibra: 3 g   Proteína: 5 g
Grasa: 11 g
Calorías: 143   Carbohidratos Netos: 4 g

% DE CALORÍAS DE: Proteína: 15%   Grasa: 73%   Carbohidratos: 12%

ESPIRALES DE CANELA

NIVEL DE DIFICULTAD: 2 COSTO: $$ TIEMPO DE PREPARACIÓN: 15 MIN TIEMPO DE COCCIÓN: 40 MIN PORCIONES: 8

INGREDIENTES:

- ½ taza de harina de coco
- 6 huevos
- ½ taza de mantequilla
- ½ taza de eritritol
- 1 cucharada de eritritol (para la espiral de canela)
- ½ cucharadita de extracto puro de vainilla
- 1 cucharadita de polvo para hornear
- 1 cucharadita de canela

Espiral de Canela:

- 1 cucharada de eritritol mezclado con 1 cucharada de canela

INSTRUCCIONES:

1. Precalienta tu horno a 350°F y engrasa un molde para pan con aceite de coco. También deberás de forrar el molde de pan con papel pergamino, ya que este pan tiende a pegarse.

2. Comienza a hacer la espiral de canela mezclando 1 cucharada de eritritol más 1 cucharadita de canela en un tazón, y reserva.

3. Acrema la mantequilla junto con ½ taza de eritritol. Agrega las yemas de huevo y mezcla, colocando las claras en un tazón aparte. Agrega el resto de los ingredientes y vuelve a mezclar.

4. En un tazón aparte, bate las claras de huevo con una batidora de mano o con soporte hasta que se formen picos rígidos. Agrega la mezcla de mantequilla en forma envolvente en las claras de huevo batidas. Mezcla hasta que todo se integre bien.

5. Vierte la mitad de la masa en el molde para pan y cubre con la mitad de la mezcla de la espiral de canela. Cubre esta mitad con la masa de pan restante y alisa la masa de manera uniforme.

6. Agrega la mezcla de la espiral de canela restante sobre el pan y dale vueltas.

7. Hornea por 40 minutos, o hasta que el pan esté cocido.

8. Deja que el pan se enfríe en el molde antes de rebanarlo.

INFORMACIÓN NUTRICIONAL (POR PORCIÓN)
Carbohidratos Totales: 5 g   Fibra: 3 g   Proteína: 5 g
Grasa: 16 g
Calorías: 183   Carbohidratos Netos: 2 g
% DE CALORÍAS DE: Proteína: 9%   Grasa: 63%   Carbohidratos: 28%

PAN DE SEMILLAS DE CALABAZA Y ALMENDRA

NIVEL DE DIFICULTAD: 2 **COSTO:** $$ **TIEMPO DE PREPARACIÓN:** 15 MIN **TIEMPO DE COCCIÓN:** 35-40 MIN **PORCIONES:** 8

INGREDIENTES:
- 6 huevos batidos
- ½ taza de aceite de coco fundido
- 1 cucharada de extracto de vainilla
- ¼ taza de eritritol
- ½ taza de harina de coco tamizada
- ½ cucharadita de sal
- ½ cucharadita de polvo para hornear
- 1 cucharada de especias para tarta de calabaza
- 1 cucharadita de canela
- ½ taza de almendras fileteadas
- ½ taza de semillas de calabaza, divididas en dos tazones de ¼ de taza

INSTRUCCIONES:

1. Precalienta tu horno a 350°F y engrasa un molde para pan con aceite de coco. Para obtener los mejores resultados, forra el molde para pan con papel pergamino para evitar que se pegue el pan.

2. Acrema el aceite de coco junto con el eritritol. Agrega las yemas de huevo y mezcla, colocando las claras en un tazón aparte. Agrega el resto de los ingredientes, menos las semillas de calabaza, las almendras fileteadas y las claras de huevo, y vuelve a mezclar. Con cuidado agrega de forma envolvente las almendras fileteadas y la mitad de las semillas de calabaza.

3. Bate las claras de huevo con una batidora de mano o con soporte hasta que se formen picos rígidos, y agrega la mezcla de harina de forma envolvente en los huevos. Mezcla hasta que todo se integre bien. Vierte en el molde para hornear.

4. Hornea durante 35–40 minutos, o hasta que la parte media del pan esté cocida y cuando insertes un palillo en el centro del pan este salga limpio.

5. Una vez que el pan termine de hornearse, agrega el ¼ de taza de semillas de calabaza restantes al exterior del pan, presionando suavemente las semillas de calabaza en el pan, lo mejor que se pueda. No hay problema si muchas de ellas se caen, esto es solo para agregar algo crujiente al pan.

6. Permite que el pan se enfríe durante 15 minutos antes de servirlo.

Sugerencia para servir: Te recomiendo servirlo caliente. Para servir el pan sobrante, simplemente caliéntalo en el microondas o vuelve a calentarlo en el horno y sírvelo con un trozo de mantequilla.

Consejos para hornear: Si deseas resaltar los sabores de calabaza y canela, agrega una pizca de nuez moscada. Además, puedes usar estevia en lugar de eritritol, en ese caso, solo necesitarás aproximadamente 1 cucharadita de estevia líquida, ya que la estevia es mucho más dulce.

INFORMACIÓN NUTRICIONAL (POR PORCIÓN)
Carbohidratos Totales: 13 g   Fibra: 4 g   Proteína: 9 g
Grasa: 25 g
Calorías: 282   Carbohidratos Netos: 9 g
% DE CALORÍAS DE: Proteína: 12% Grasa: 76% Carbohidratos: 12%

PAN DE Molde de Mora Azul

NIVEL DE DIFICULTAD : 2 | **COSTO : $$** | **TIEMPO DE PREPARACIÓN : 15 MIN** | **TIEMPO DE COCCIÓN : 35-40 MIN** | **PORCIONES: 8**

INGREDIENTES:

- ½ taza de harina de coco
- 6 huevos
- ½ taza de mantequilla
- 8 cucharaditas de eritritol
- ½ cucharadita de sal
- ½ cucharadita de extracto puro de vainilla
- 1 cucharadita de polvo para hornear
- ½ taza de moras azules frescas (no congeladas)

INSTRUCCIONES:

1. Precalienta tu horno a 350°F y engrasa un molde para pan con aceite de coco o mantequilla. También deberás forrar el molde para pan con papel pergamino para que puedas sacarlo fácilmente después de cocinarlo.
2. Acrema la mantequilla junto con el eritritol. Agrega las yemas de huevo y mezcla, colocando las claras en un tazón aparte. Agrega el resto de los ingredientes, menos las moras azules y vuelve a mezclar. Con cuidado agrega las moras azules de manera envolvente.
3. Bate las claras de huevo con una batidora de mano o con soporte hasta que se formen picos rígidos, y agrega la mezcla de harina de forma envolvente en los huevos. Mezcla hasta que todo se integre bien. Vierte en el molde para hornear.
4. Hornea durante 35–40 minutos, o hasta que cuando insertes un palillo en el centro del pan salga limpio.
5. Permite que el pan se enfríe durante 15 minutos antes de servirlo.

Sugerencia para servir: Este pan funciona como un excelente desayuno para llevar, o incluso como un postre para después de la cena. Te recomiendo servirlo con una taza de café o un té de hierbas. Para convertirlo en un postre, haz la prueba de cubrir el pan con una cucharada de crema batida sin azúcar. Ten en cuenta que cualquier adición que hagas al pan no se verá reflejada en la información nutricional.

Consejos para hornear: Si deseas un pan más "granulado" y con sabor a nuez, puedes sustituir la harina de coco por harina de almendras. Aumenta a 1 ¼ tazas de harina de almendras en lugar de ½ taza de harina de coco y 2 huevos en lugar de 6. Puedes usar estevia en lugar de eritritol, en ese caso solo necesitarás aproximadamente 1 cucharadita de estevia líquida ya que la estevia es mucho más dulce.

INFORMACIÓN NUTRICIONAL (POR PORCIÓN)
Carbohidratos Totales: 9 g   Fibra: 3 g   Proteína: 5 g
Grasa: 4 g
Calorías: 81   Carbohidratos Netos: 6 g
% DE CALORÍAS DE: Proteína: 25%   Grasa: 45%   Carbohidratos: 30%

PAN DE MOLDE DECADENTE DE Chocolate

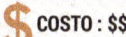 NIVEL DE DIFICULTAD : 2    COSTO : $$ 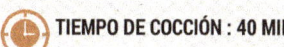 TIEMPO DE PREPARACIÓN : 20 MIN   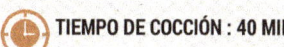 TIEMPO DE COCCIÓN : 40 MIN    PORCIONES: 12

INGREDIENTES:

- ½ taza de harina de coco
- 6 huevos
- 1 taza de aguacate machacado
- ½ taza de mantequilla, fundida
- ½ taza de eritritol
- ¼ taza de cacao puro en polvo sin azúcar
- ½ cucharadita de extracto puro de vainilla
- 1 cucharadita de polvo para hornear
- Aceite de coco para engrasar

INSTRUCCIONES:

1. Precalienta tu horno a 350°F y engrasa un molde para pan con aceite de coco. También deberás de forrar el molde de pan con papel pergamino, ya que este pan tiende a pegarse.

2. Acrema la mantequilla junto con la 1/2 taza de eritritol. Agrega las yemas de huevo y mezcla, colocando las claras en un tazón aparte. Agrega el resto de los ingredientes y vuelve a mezclar.

3. En un tazón aparte, bate las claras de huevo con una batidora de mano o con soporte hasta que se formen picos rígidos. Agrega la mezcla de mantequilla en forma envolvente en las claras de huevo batidas. Mezcla hasta que todo se integre bien.

4. Hornea por 40 minutos, o hasta que el pan esté cocido. Deja que el pan se enfríe en el molde antes de rebanarlo.

Sugerencia para servir: Para convertirlo en un pan estilo postre, cubre el pan con chispas de chocolate negro adicionales y una cucharada de crema batida sin azúcar. Por favor, ten en cuenta que esto no se verá reflejado en la información nutricional. Guarda el pan en el refrigerador para mantenerlo fresco y vuelve a calentarlo como sea de tu preferencia.

INFORMACIÓN NUTRICIONAL (POR PORCIÓN)
Carbohidratos Totales: 13 g   Fibra: 2 g   Proteína: 4 g
Grasa: 13 g
Calorías: 132   Carbohidratos Netos: 11 g
% DE CALORÍAS DE: Proteína: 9%   Grasa: 66%   Carbohidratos: 25%

PAN DE LIMÓN

NIVEL DE DIFICULTAD : 2   COSTO : $$ TIEMPO DE PREPARACIÓN : 15 MIN   TIEMPO DE COCCIÓN : 35-40 MIN   PORCIONES: 6

INGREDIENTES:

- ½ taza de harina de coco (tamizada)
- ¼ taza de mantequilla
- 6 huevos, separados
- Jugo de 2 limones
- ¾ taza de leche de coco entera
- ¼ taza de eritritol
- ½ cucharadita de extracto puro de vainilla
- 1 cucharadita de polvo para hornear
- ½ cucharadita de sal

INSTRUCCIONES:

1. Precalienta tu horno a 350°F, engrasa un molde para pan con aceite, y coloca un pedazo de papel de pergamino en el fondo del molde.

2. Acrema la mantequilla junto con el eritritol. Agrega las yemas de huevo y mezcla, colocando las claras en un tazón aparte. Agrega el resto de los ingredientes y vuelve a mezclar.

3. Bate las claras de huevo con una batidora de mano o con soporte hasta que se formen picos rígidos, y agrega la mezcla de mantequilla de forma envolvente en los huevos. Mezcla hasta que todo se integre bien. Vierte en el molde para hornear.

4. Hornea durante 35-40 minutos o hasta que cuando insertes un palillo en el centro del pan salga limpio.

5. Deja que el pan se enfríe antes de rebanarlo.

Sugerencia para servir: Sírvelo como un delicioso pan de desayuno con una taza de café o té.

Consejos para hornear: Revisa el pan en la marca de 35 minutos. Debes asegurarte de que la parte superior del pan no se queme, así que retíralo del horno cuando esté dorado.

INFORMACIÓN NUTRICIONAL (POR PORCIÓN)

Carbohidratos Totales: 17 g   Fibra: 4 g   Proteína: 8 g
Grasa: 20 g
Calorías: 244   Carbohidratos Netos: 13 g

% DE CALORÍAS DE: Proteína: 12%   Grasa: 68%   Carbohidratos: 20%

CLÁSICOS REELABORADOS

Bagel con Todo

Panecillos Ingleses de Canela Para Microondas

Pan Nube

Masa Para Pizza Con Sabor A Ajo

Tortillas Sin Harina

Panquecitos de Calabaza

Pan Molido Estilo Italiano

Boule Rústico

Pan de Maíz con Jalapeño

Bagel con TODO

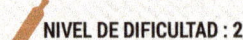 NIVEL DE DIFICULTAD : 2   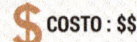 COSTO : $$ TIEMPO DE PREPARACIÓN : 25 MIN   TIEMPO DE COCCIÓN : 15-20 MIN   PORCIONES: 6

INGREDIENTES:

- 2 tazas de harina de almendras
- 1 taza de harina sin gluten
- 1 huevo
- ¼ taza de harina de coco tamizada
- 2 cucharaditas de levadura instantánea
- 2 cucharadas de aceite de oliva
- 6 cucharadas de agua caliente
- 4 tazas de agua fría
- 1 cucharadita de bicarbonato de sodio
- 1 cucharadita de mantequilla fundida
- 2 cucharadas de semillas de amapola
- 1 cucharada de cebolla granulada
- 1 cucharada de ajo granulado
- Una pizca de sal de mar

INSTRUCCIONES:

1. En un tazón grande, mezcla las 6 cucharadas de agua caliente, el aceite de oliva y la levadura

2. Bate el huevo en un tazón grande para mezclar, luego agrega la harina de almendras, la harina sin gluten, el ajo y la cebolla. Mezcla bien y luego agrega la mezcla de agua, aceite y levadura, y integra hasta formar una masa. Forme 6 bolas y haz los bagel.

3. Agrega las 4 tazas de agua fría, sal y bicarbonato de sodio a una olla grande y pon la mezcla a hervir. Precalienta el horno a 350°F y forra una bandeja para hornear con papel pergamino.

4. Una vez que el agua esté hirviendo, agrega un bagel a la vez. Hierve cada uno durante aproximadamente 1 minuto y luego pásalo a la bandeja para hornear. Pincélalos con la mantequilla derretida, espolvoréalos con las semillas de amapola y hornéalos durante unos 15 minutos o hasta que estén crujientes.

Sugerencia para servir: Sírvelos con queso crema o mantequilla como lo harías con un bagel tradicional.

Consejos para hornear: Puedes hacer los bagel con el sabor que desees. Las deliciosas opciones incluyen bagel de canela o de ajonjolí.

INFORMACIÓN NUTRICIONAL (POR PORCIÓN)
Carbohidratos Totales: 19 g   Fibra: 3 g   Proteína: 5 g
Grasa: 16 g
Calorías: 183   Carbohidratos Netos: 16 g

% DE CALORÍAS DE: Proteína: 9%   Grasa: 63%   Carbohidratos: 28%

PANECILLOS INGLESES
de Canela Para MICROONDAS

NIVEL DE DIFICULTAD : 1   COSTO : $$ TIEMPO DE PREPARACIÓN : 10 MIN   TIEMPO DE COCCIÓN : 3-5 MIN   PORCIONES: 2

INGREDIENTES:

- 2 cucharadas de harina de coco, tamizada
- 2 cucharadas de leche de soya sin azúcar
- 2 huevos
- 1 cucharada de mantequilla
- 1 cucharada de aceite de coco
- ½ cucharadita de polvo para hornear
- ¼ cucharadita de vinagre de sidra de manzana
- 1 cucharadita de canela molida
- 1 pizca de sal de mar

INSTRUCCIONES:

1. Comienza fundiendo la mantequilla junto con el aceite de coco y la leche de soja en un plato apto para microondas, y bate.

2. En un tazón aparte, mezcla la harina, el polvo para hornear, el vinagre de sidra de manzana, la canela y la sal. Añade las yemas de huevo y bate. Agrega a la mezcla de mantequilla fundida y mezcla.

3. En otro tazón, bate las claras de huevo con una batidora de mano hasta que se formen picos rígidos y con cuidado agrega esto a la mezcla de harina de forma envolvente

4. Vierte la masa en 2 ramequines engrasados, llenándolos hasta la mitad, y cocina en el microondas durante aproximadamente 1 minuto o hasta que el centro del panecillo inglés esté cocido.

5. Deja enfriar por un par de minutos, luego retíralo del molde y rebánalo.

6. Si gustas, puedes tostarlo, y servirlo con mantequilla o mantequilla clarificada (opcional).

Sugerencia para servir: Prepara un sándwich de huevo con estos deliciosos panecillos ingleses caseros y sin granos.

Consejos para hornear: Sabrás que los panecillos ingleses están listos cuando el centro esté cocido. Si no está listo dentro del tiempo de cocción de 1 minuto, cocínalo por 20 segundos más hasta que esté cocido.

INFORMACIÓN NUTRICIONAL (POR PORCIÓN)
Carbohidratos Totales: 6 g   Fibra: 3 g   Proteína: 7 g
Grasa: 18g
Calorías: 214   Carbohidratos Netos: 3 g

% DE CALORÍAS DE: Proteína: 14%   Grasa: 80%
Carbohidratos: 6%

PAN NUBE

NIVEL DE DIFICULTAD : 1 **COSTO :** $$ **TIEMPO DE PREPARACIÓN :** 15 MIN **TIEMPO DE COCCIÓN :** 30 MIN **PORCIONES:** 10

INGREDIENTES:

- 3 huevos, separados
- 3 cucharadas de mantequilla
- ¼ cucharadita de vinagre de sidra de manzana
- 1 gota de extracto de estevia
- ½ cucharadita de polvo para hornear
- 1 pizca de sal

INSTRUCCIONES:

1. Precalienta el horno a 300°F y forra una bandeja para hornear con papel pergamino.
2. Pon las yemas de huevo en un tazón y las claras de huevo en otro. En el tazón con las yemas, bate los huevos y agrega los ingredientes restantes.
3. Bate las claras de huevo con una batidora con soporte o manual hasta que se formen picos rígidos. Agrega la mezcla de yema de huevo en forma envolvente en las claras de huevo, y con mucho cuidado intégralos.
4. Forma 10 círculos y colócalos en la bandeja para hornear.
5. Hornea por unos 30 minutos o hasta que estén dorados.
6. Disfrútalos calientes y guarda el pan sobrante cubierto en el refrigerador.

Sugerencia para servir: Sirve junto con una ensalada o con un tazón de sopa.

Consejos para hornear: Deberás de tener mucho cuidado de no mezclar demasiado la mezcla de yema de huevo con las claras de huevo, ya que al hacerlo se obtendrá un pan menos esponjoso.

INFORMACIÓN NUTRICIONAL (POR PORCIÓN)
Carbohidratos Totales: 0 g   Fibra: 0 g   Proteína: 2 g
Grasa: 5 g
Calorías: 50   Carbohidratos Netos: 0 g
% DE CALORÍAS DE: Proteína: 15% Grasa: 85% Carbohidratos: 0%

MASA PARA PIZZA
CON SABOR A AJO

NIVEL DE DIFICULTAD : 1 **COSTO : $$** **TIEMPO DE PREPARACIÓN : 10 MIN** **TIEMPO DE COCCIÓN : 20 MIN** **PORCIONES: 4**

INGREDIENTES:
- 1 taza de harina de almendra
- ½ taza de harina sin gluten
- 3 dientes de ajo
- 2 huevos
- 2 cucharadas de aceite de oliva
- 1 cucharadita de polvo para hornear
- 1 pizca de sal

INSTRUCCIONES:
1. Precalienta el horno a 400°F y forra una bandeja para hornear con papel pergamino.
2. Agrega todos los ingredientes a una licuadora de alta velocidad y mezcla hasta que tenga una consistencia suave.
3. Pon la masa sobre la bandeja para hornear forrada con pergamino y enróllalo con una forma rectangular larga o con la forma de una pizza circular tradicional.
4. Hornea durante 10 minutos, o hasta que esté ligeramente dorada. Luego, espolvorea con la cobertura que prefieras y hornea por 10 minutos más.

Sugerencia para servir: Agrega tus ingredientes favoritos para pizza, como queso, pimientos verdes, cebolla y salchichas.

Consejos para hornear: Si la masa parece estar demasiado seca, agrega 1 cucharada más de aceite de oliva para adelgazarla. Con esta masa se hace una pizza con un sabor más salado que el de una pizza tradicional, así que siéntete con la libertad de agregar todo tipo de ingredientes sofisticados como champiñones o un queso de sabor fuerte, como el queso feta, o incluso algunas hierbas frescas.

INFORMACIÓN NUTRICIONAL (POR PORCIÓN)
Carbohidratos Totales: 7 g   Fibra: 3 g   Proteína: 9 g
Grasa: 19 g
Calorías: 225   Carbohidratos Netos: 4 g
% DE CALORÍAS DE: Proteína: 16%   Grasa: 77%
Carbohidratos: 7%

TORTILLAS SIN HARINA

NIVEL DE DIFICULTAD : 2   **COSTO : $$**   **TIEMPO DE PREPARACIÓN : 5 MIN**   **TIEMPO DE COCCIÓN : APROXIMADAMENTE 10-15 MIN**
PORCIONES: 12 (1 TORTILLA POR PORCIÓN)

INGREDIENTES:

- ½ taza de queso crema suavizado
- 6 huevos
- ½ taza de leche entera
- 1 cucharadita de ajo en polvo
- 1 pizca de sal
- Aceite de coco para cocinar (no está reflejado en la información nutricional)

INSTRUCCIONES:

1. Comienza precalentando a fuego medio una sartén pequeña del tamaño de un omelet con aceite de coco.
2. Agrega todos los ingredientes a un procesador de alimentos y procesa hasta que tenga una consistencia suave.
3. Vierte suficiente masa para cubrir el fondo de la sartén y cocina durante 45 segundos-1 minuto por cada lado.
4. Repite este proceso hasta que todas las tortillas estén cocidas usando aceite de coco adicional cada vez para evitar que se peguen.

Sugerencias para cocinar: Estas se cocinan rápido, así que voltea cada tortilla rápidamente una vez que el centro comience a cocerse. Sirve como lo harías con una tortilla tradicional.

INFORMACIÓN NUTRICIONAL (POR PORCIÓN)
Carbohidratos Totales: 1 g   Fibra: 0 g   Proteína: 4 g
Grasa: 6 g
Calorías: 72   Carbohidratos Netos: 1 g
% DE CALORÍAS DE: Proteína: 22%   Grasa: 73%   Carbohidratos: 5%

PANQUECITOS DE CALABAZA

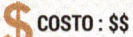 NIVEL DE DIFICULTAD : 2   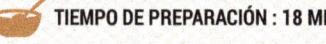 COSTO : $$  TIEMPO DE PREPARACIÓN : 18 MIN   TIEMPO DE COCCIÓN : 18 MIN   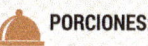 PORCIONES: 8

INGREDIENTES:

- ½ taza de harina de coco, tamizada
- ½ taza de puré de calabaza enlatado
- 3 cucharadas de mantequilla O aceite de coco (la mantequilla está reflejada en la información nutricional)
- 6 huevos, separados
- 1 cucharadita de especias para tarta de calabaza
- 1 cucharadita de extracto puro de vainilla
- ¼ taza de eritritol
- 1 cucharadita de polvo para hornear
- ½ cucharadita de sal
- ¼ taza de nueces, picadas

INFORMACIÓN NUTRICIONAL (POR PORCIÓN)

Carbohidratos Totales: 12 g
Fibra: 3 g
Proteína: 6 g
Grasa: 11 g
Calorías: 148
Carbohidratos Netos: 9 g

% DE CALORÍAS DE:

Proteína: 15%
Grasa: 62%
Carbohidratos: 23%

INSTRUCCIONES:

1. Precalienta tu horno a 350°F y engrasa un molde para panquecitos con aceite de coco.
2. Acrema la mantequilla junto con el eritritol. Agrega las yemas de huevo y mezcla, colocando las claras en un tazón aparte. Agrega el resto de los ingredientes y vuelve a mezclar.
3. Bate las claras de huevo con una batidora de mano o con soporte hasta que se formen picos rígidos, y agrega la mezcla de calabaza de forma envolvente en los huevos. Mezcla hasta que todo se integre bien. Vierte en los moldes para panecillos.
4. Hornea durante 18-20 minutos o hasta que cuando insertes un palillo en el centro del panecillo salga limpio.

Sugerencia para servir: Sirve con un trozo de mantequilla y una taza de café caliente para hacer un desayuno otoñal perfecto.

Consejos para hornear: Para obtener un sabor a nuez, reemplaza la harina de coco con 1 ¼ tazas de harina de almendras y reduce los huevos a 3.

PAN MOLIDO
ESTILO ITALIANO

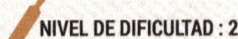 NIVEL DE DIFICULTAD : 2 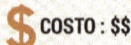 COSTO : $$  TIEMPO DE PREPARACIÓN : 18 MIN  TIEMPO DE COCCIÓN : 18 MIN   PORCIONES: 8

INGREDIENTES:

- 1 taza de harina de almendra con cáscara
- 2 cucharadas de queso parmesano seco
- 1 cucharadita de ajo en polvo
- ½ cucharadita de cebolla en polvo
- ½ cucharadita de orégano deshidratado
- ½ cucharadita de romero deshidratado
- ¼ cucharadita de pimienta negra
- ½ cucharadita de sal

INSTRUCCIONES:

1. Agrega todos los ingredientes a un tazón grande para mezclar y mezcla hasta que todo esté bien integrado.
2. Almacena en un recipiente hermético en el refrigerador.

Sugerencia para servir: Úsalo de la misma manera que el pan molido tradicional. Úsalo para empanizar pollo o incluso vegetales, podrás hacer una deliciosa calabacita empanizada. Mézclalo con tus ensaladas para obtener un sabor italiano a nuez, o úsalo encima de tus guisos.

Consejos para hornear: Usa este pan molido de la misma manera como hornearías con el pan molido tradicional. Para empanizar pollo, sumerge el pollo en un tazón con huevos batidos y luego pásalo al pan molido casero para obtener una alternativa saludable y sin gluten del pan molido que compras en la tienda.

INFORMACIÓN NUTRICIONAL (POR PORCIÓN)
Carbohidratos Totales: 3 g   Fibra: 1 g   Proteína: 3 g   Grasa: 6 g
Calorías: 70   Carbohidratos Netos: 2 g
% DE CALORÍAS DE: Proteína: 16% Grasa: 73% Carbohidratos: 11%

BOULE Rústico

- NIVEL DE DIFICULTAD : 1
- COSTO : $$
- TIEMPO DE PREPARACIÓN : 20 MIN + 1 HORA DE PRUEBA
- TIEMPO DE COCCIÓN : 35-40 MIN
- PORCIONES: 12

INGREDIENTES:

- 1 ½ taza de leche de coco
- ½ cucharadita de estevia en polvo
- 2 cucharaditas de levadura seca
- 2 huevos a temperatura ambiente
- 1 cucharadita de vinagre de sidra de manzana
- 1 taza de harina de almendra, tamizada
- 2 tazas de harina para todo uso sin gluten, tamizada
- ½ cucharadita de sal
- 3 cucharadas de aceite de oliva

INSTRUCCIONES:

1. Precalienta tu horno a 400°F y forra una bandeja para hornear con papel pergamino.
2. Calienta la leche de coco a fuego lento, luego agrega la estevia y la levadura, y bate para integrar los ingredientes.
3. En un otro tazón, bate los huevos a temperatura ambiente con el vinagre de sidra de manzana. Agrega la leche tibia y bate nuevamente para integrar todo.
4. Mezcla las harinas de almendras y sin gluten con la sal. Agrega los ingredientes húmedos, incluyendo 2 ½ cucharadas del aceite de oliva, y mezcla bien. Amasa la masa hasta que se junte. Debe estar un poco pegajosa; sin embargo, siéntete con la libertad de agregar más harina sin gluten si es demasiado pegajosa.
5. Haz una bola con la masa y ponla en la bandeja para hornear forrada de pergamino. Pincela con el resto del aceite de oliva y cubre con una envoltura de plástico. Déjala leudar en un lugar cálido durante una hora.
6. Retira la envoltura de plástico, espolvoréala con un pequeño puñado de harina sin gluten y hornea durante 35-40 minutos.

INFORMACIÓN NUTRICIONAL (POR PORCIÓN)
Carbohidratos Totales: 10 g   Fibra: 3 g   Proteína: 1 g
Grasa: 13 g
Calorías: 161   Carbohidratos Netos: 7 g
% DE CALORÍAS DE: Proteína: 3%   Grasa: 79%   Carbohidratos: 19%

PAN DE MAÍZ CON Jalapeño

NIVEL DE DIFICULTAD : 1   **COSTO : $$**   **TIEMPO DE PREPARACIÓN : 10 MIN**   **TIEMPO DE COCCIÓN : 30 MIN**   **PORCIONES: 6**

INGREDIENTES:

- 1 taza de harina para todo uso sin gluten
- 1 taza de harina de maíz sin gluten
- 1 ½ cucharadita de polvo para hornear
- 1 cucharadita de bicarbonato de sodio
- 1 cucharadita de sal
- 1 taza de suero de leche
- 2 huevos
- 2 cucharadas de aceite de oliva
- ¼ cucharadita de extracto de estevia
- 1 chile jalapeño, finamente picado

INSTRUCCIONES:

1. Engrasa una sartén de hierro fundido y precalienta u horno a 350° F.
2. Dejando a un lado el jalapeño picado, bate el resto de los ingredientes secos y húmedos en tazones separados, luego combina y revuelve hasta que tenga una consistencia suave. Agrega el jalapeño picado y revuelve bien para mezclarlo uniformemente en todo el pan.
3. Vierte la mezcla en la sartén de hierro fundido engrasada y hornea durante 30-35 minutos.
4. Deja enfriar el pan antes de cortarlo y servirlo.

Sugerencia para servir: Cubre con jalapeños recién rebanados para potenciar el sabor.

INFORMACIÓN NUTRICIONAL (POR PORCIÓN)
Carbohidratos Totales: 7 g   Fibra: 1 g   Proteína: 1 g   Grasa: 4 g
Calorías: 74   Carbohidratos Netos: 6 g
% DE CALORÍAS DE: Proteína: 6%   Grasa: 56%   Carbohidratos: 38%

...Tabla de Conversión RU-EEUU...

Cuchara, Tazas y Líquido   Temperatura

Cuchara, Tazas y Líquido	ml	Marca de Gas	°C	°F
¼ cucharadita	1.25 ml	1	140 °C	275 °F
½ cucharadita	2.5 ml	2	150 °C	300 °F
1 cucharadita	5 ml	3	170 °C	325 °F
1 cucharada	15 ml	4	180 °C	350 °F
¼ taza	60 ml	5	190 °C	375 °F
⅓ taza	80 ml	6	200 °C	400 °F
½ taza	125 ml	7	220 °C	425 °F
1 taza	250 ml	8	230 °C	450 °F
		9	240 °C	475 °F

Tazas Americanas a Gramos

Ingredientes	Gramos	Ingredientes	Gramos
1 taza de mantequilla	225 g	1 taza de pasas/sultanas	200 g
1 barra de mantequilla	113 g	1 taza de grosellas	150 g
1 taza de harina	125 g	1 taza de almendras molidas	110 g
1 taza de azúcar blanca	225 g	1 taza de jarabe	350 g
1 taza de azúcar morena	200 g	1 taza de arroz (sin cocinar)	200 g
1 taza de azúcar glas	125 g		

Derechos de Autor 2019 por Elizabeth Jane - Todos los derechos reservados.

Para permisos contactar a:

elizabeth@ketojane.com o visita http://ketojane.com/

Este documento está orientado a proporcionar información exacta y confiable con respecto al tema y asunto cubierto. La publicación se vende con la idea de que el editor no está obligado a prestar asesoramiento profesional, autorizado oficialmente o de otro modo, prestar servicios calificados. Si se requiere asesoría, legal o profesional, se debe buscar a una persona con experiencia en la profesión.

A partir de una Declaración de Principios que fue aceptada y aprobada igualmente por un Comité de la Asociación Americana de Abogados y un Comité de Editores y Asociaciones.

De ninguna manera es legal reproducir, duplicar o transmitir cualquier parte de este documento, ya sea por medios electrónicos o en formato impreso. Está estrictamente prohibida la grabación de esta publicación, así mismo, no está permitido cualquier tipo de almacenamiento de este documento, a menos que posea un permiso por escrito del editor. Todos los derechos reservados.

Se declara que la información proporcionada en este documento es veraz y coherente, en el sentido de que cualquier responsabilidad, en términos de falta de atención o de otro tipo, por el uso o abuso de cualquier política, procesos o indicaciones contenidos en este documento es responsabilidad única y absoluta del lector receptor. Bajo ninguna circunstancia se hará responsable o culpable legalmente al editor por cualquier reparación, daño o pérdida monetaria debida a la información aquí contenida, ya sea directa o indirectamente.

La información aquí contenida se ofrece únicamente con fines informativos, como tal, es universal. La presentación de la información se realiza sin contrato y sin ningún tipo de garantía.

La autora no es una profesional con licencia, ni médico ni profesional médico, y no ofrece tratamientos médicos, diagnósticos, sugerencias o asesorías. La información presentada en este documento no ha sido evaluada por la Administración de Drogas y Alimentos de los EE. UU. (FDA, por sus siglas en inglés), y no tiene la intención de diagnosticar, tratar, curar o prevenir ninguna enfermedad. Se debe obtener la autorización médica completa por parte de médico con licencia, antes de comenzar o modificar cualquier programa de dieta, ejercicio o estilo de vida, y se debe informar a los médicos de todos los cambios nutricionales.

La autora no asume ninguna responsabilidad ante ninguna persona o entidad por cualquier responsabilidad, pérdida o daño causado o presuntamente causado directa o indirectamente como resultado del uso, aplicación o interpretación de la información presentada en este documento.

Todas las fotografías se utilizan bajo licencia y con derechos de autor.

www.ingramcontent.com/pod-product-compliance
Lightning Source LLC
Chambersburg PA
CBHW042037100526
44587CB00030B/4474